Les bottes de Grand-Chemin

Anne-Laure Bondoux est née en 1971 à Bois-Colombes. Pendant ses études de Lettres modernes, elle a monté des ateliers d'écriture pour enfants, écrit du théâtre et des chansons, avant de travailler à Bayard pour la presse et l'édition. Aujourd'hui, elle est auteur à temps plein. Ses romans sont publiés chez Syros et Bayard Éditions.

Du même auteur dans Bayard Poche :
Le prince Nino à la maternouille (Les belles histoires)

Émile Bravo habite à Paris. Jeune illustrateur de talent, il aime faire des dessins plutôt drôles mais cela ne l'empêche pas d'être sensible à toutes sortes d'histoires. Son domaine de prédilection est la bande dessinée. Ses ouvrages sont parus aux éditions Dargaud, Larousse et Bayard Jeunesse.

© 2004, Bayard Éditions Jeunesse
Tous les droits réservés. Reproduction, même partielle, interdite.
Dépôt légal : mars 2004
Loi du 16 juillet 1949 sur les publications destinées à la jeunesse.

Les bottes de Grand-Chemin

Une histoire écrite par Anne-Laure Bondoux
illustrée par Émile Bravo

BAYARD POCHE

1
La gifle

Mathurin avait douze ans et la seule chose qu'il aimait faire, c'était partir à cheval à travers la campagne. Son père, monsieur Jazot, ne voulait pas qu'il se promène ainsi. C'est pourquoi, lorsque Mathurin rentrait au village, il évitait de passer devant la pharmacie de son père.

La pharmacie trônait sur la place du village et monsieur Jazot en était très fier. Il passait ses journées à préparer des remèdes pour guérir les malades. Sa boutique était encombrée de bocaux sur lesquels il inscrivait des noms savants en latin. Souvent, il disait à Mathurin :

– Un jour, tu me remplaceras. Pour cela, il faut que tu saches le latin.

Mathurin recevait donc des leçons de latin, mais aussi de calcul et de géographie.

Le dimanche, Mathurin allait à la messe avec son père, sa mère et sa petite sœur Louise. À la sortie, les femmes du village venaient les saluer. Elles se penchaient vers Louise :

– Quelle charmante petite ! Tout le portrait de son père !

Mathurin restait en arrière, et il pensait : « Heureusement, moi, je ne lui ressemble pas... »

Lorsque monsieur Jazot rentrait chez lui, il répandait autour de lui une forte odeur d'éther* qui coupait l'appétit à Mathurin.

* L'éther est un liquide qui a une odeur très forte et qui sert à désinfecter.

– Mathurin, mange ! disait le pharmacien.

Comme Mathurin ne mangeait pas, monsieur Jazot jetait sa serviette au milieu des plats. Et si Mathurin osait le regarder en face, il devenait rouge de colère :

– Baisse les yeux quand je te parle !

Un soir, monsieur Jazot se mit encore plus en colère, à propos des leçons de latin que Mathurin n'arrivait pas à apprendre.

– Je n'aime pas le latin, grogna Mathurin.

Monsieur Jazot cria :

– Tu n'es qu'un sot ! Tu ne seras jamais pharmacien !

Et, pour la première fois, monsieur Jazot donna une gifle à Mathurin.

2
Madame Jazot

Après la gifle de son père, Mathurin avait la joue rouge et gonflée. En serrant les dents, il alla se réfugier dans la cuisine auprès de Suzanne, la vieille cuisinière. Sans poser de questions, elle passa de l'eau sur la joue de Mathurin puis elle lui tendit de la brioche.

– Pauvre Mathurin, marmonna-t-elle.

Puis elle continua à écosser les petits pois pour le déjeuner du lendemain.

Un peu plus tard, lorsque Mathurin fut monté dans sa chambre, madame Jazot frappa à la porte. Mathurin était assis sur son lit, immobile et renfrogné*. Sa mère lui dit :

– Il ne faut pas en vouloir à ton père. Il s'est laissé emporter par la colère, mais il n'est pas méchant.

Elle vint s'asseoir à côté de lui :

– Ton père veut te donner une bonne éducation pour que tu deviennes quelqu'un d'important, tu comprends ?

* Avec un air fâché.

Mathurin se mordit les lèvres pour ne pas éclater en sanglots et il s'exclama :

– Avec Louise, il est gentil ! Moi, je n'ai droit qu'à des reproches !

Sa mère répondit :

– Louise est encore petite, et puis ce n'est pas pareil… L'important, c'est que tu vives ici, avec nous, dans cette belle maison. Et cela, n'oublie pas que c'est grâce à ton père…

Malgré l'obscurité, Mathurin s'aperçut que sa mère pleurait. Elle se leva brusquement en disant :

– Tu comprendras mieux quand tu seras plus grand.

Puis elle se pencha vers Mathurin, déposa un baiser sur son front et sortit de la chambre.

Mathurin se demanda ce qu'il pourrait bien comprendre une fois grand. Sa mère lui avait-elle dit toute la vérité ?

3
Le secret

Quelques jours plus tard, à la fin du déjeuner, monsieur Jazot annonça qu'il avait pris une décision importante :

– Mathurin, tu iras en pension au collège de Rouen, dès le mois prochain. Là-bas, tu seras bien obligé d'apprendre ton latin.

Mathurin sentit sa gorge se serrer. Il se tourna vers sa mère. Elle baissait la tête et son menton tremblait, mais elle resta silencieuse.

Mathurin sortit de table et courut dans la cuisine. Il se laissa tomber sur le banc et il éclata en sanglots. Suzanne lâcha ses casseroles. Elle le prit dans ses bras et murmura :

– Si je te dis un secret, est-ce que tu jures que tu ne le répéteras à personne ?

– Je le jure, dit Mathurin dans un hoquet.

Suzanne quitta la cuisine et revint quelques instants plus tard en cachant quelque chose dans son grand tablier. Elle ferma la porte, puis elle déplia son tablier. Dedans, Mathurin découvrit une paire de bottes en cuir toutes poussiéreuses.

Suzanne posa les bottes sur la table, au milieu des haricots.

– Voilà, dit-elle à voix basse.

Mathurin sécha ses larmes et se mit à inspecter les bottes. Elles étaient vieilles et usées. Quel rapport pouvaient-elles avoir avec le secret de Suzanne ?

– On dirait qu'il y a un dessin, là, dit-il en passant son doigt sur le revers des bottes.

Suzanne essuya la poussière du bout de son tablier.

– Tu as raison. C'est une tête de cheval gravée dans le cuir.

– Le propriétaire des bottes devait être un grand cavalier ! dit Mathurin.

– Pardi oui ! s'exclama Suzanne.

Mathurin bondit :

– Tu le connais ?

– Oh, eh bien… oui, bafouilla Suzanne. Un peu.

– C'est quelqu'un de ma famille ? l'interrogea Mathurin.

Suzanne hésita un moment, puis elle murmura :

– Ces bottes appartenaient à ton père.

Mathurin sursauta :

– Mon père ne sait pas monter à cheval. Est-ce que ça veut dire que monsieur Jazot n'est pas… Monsieur Jazot n'est pas mon vrai père ? C'est ça, le secret ? Suzanne, réponds-moi !

– Chut, supplia Suzanne. Si ta mère nous entend, elle va me renvoyer ! Et puis... Oh, mon Dieu, quel choc pour elle !

Mathurin prit une grande respiration :

– C'est donc ça, le secret ! Voilà pourquoi je ne ressemble pas à mon p..., à monsieur Jazot.

4
Grand-Chemin

Mathurin voulut tout savoir sur son vrai père, et Suzanne finit par lui raconter :

– Il s'appelait Gustave, mais tout le monde le surnommait « Grand-Chemin », parce qu'il aimait partir au galop à travers la campagne.

– Pourquoi n'est-il plus là ? Est-ce qu'il est mort ? demanda Mathurin.

— Je ne sais pas, murmura Suzanne. Quand il a disparu, il ignorait que tu allais bientôt naître. Ensuite, ta mère s'est retrouvée seule avec toi, sans argent. Heureusement, elle a rencontré monsieur Jazot, qui a été bon et qui vous a recueillis tous les deux.

— Pourquoi mon père est-il parti ? insista Mathurin.

Suzanne eut l'air embêtée par cette question. Mais devant le regard sombre de Mathurin, elle n'osa pas mentir :

— Ton père s'est enfui parce qu'il avait des ennuis. Il avait fait des choses interdites.

Mathurin resta bouche bée :
– Tu veux dire que mon père est un bandit ?
– Ton père est parti parce qu'il risquait d'être envoyé aux galères*. Je ne sais rien de plus, avoua Suzanne.
– Aux galères... répéta Mathurin.

* Bateaux sur lesquels les criminels étaient condamnés à ramer pendant des années.

Le choc était si fort, ses pensées se bousculaient si vite dans sa tête, qu'il éprouva brusquement le besoin d'aller courir au grand air. Il voulait être seul avec son secret. Il sortit de la cuisine.

En traversant la cour, il aperçut Louise qui jouait dans l'escalier, en bas du potager. Monsieur Jazot apparut en haut des marches.

– Papa ! s'écria Louise.

Elle monta vers lui en courant et monsieur Jazot la souleva de terre en riant. Il n'avait pas vu Mathurin, qui restait figé de stupeur au milieu du jardin.

À cet instant, Mathurin sut ce qu'il allait faire. Il remonta dans sa chambre et prépara un maigre baluchon. Il prit quelques morceaux de brioche que Suzanne lui avait donnés et bien sûr, les bottes de Grand-Chemin.

La nuit même, pendant que tout le monde dormait dans la maison, Mathurin se glissa dehors. Il alla à l'écurie, sella son cheval et le mena sans bruit à travers la cour. Une fois la grille passée, il monta sur le cheval.

– Adieu, murmura-t-il en regardant une dernière fois la façade de la grande maison.

Et il partit au galop, vers l'ouest.

5
Au voleur ! Au voleur !

Lorsque le jour se leva, Mathurin était déjà loin de son village.

Il dévora deux morceaux de brioche et continua sa route. Mais vers midi, il sentit à nouveau la faim. Il dirigea alors son cheval vers un village niché au creux d'un vallon.

Sur la place, c'était jour de marché. Des odeurs de jambon et de fromage frais flottaient dans l'air. Mathurin descendit de cheval.

Il n'avait pas un sou en poche, mais il s'approcha d'un étalage.

– Je voudrais ce jambon, dit-il.

La marchande emballa le jambon dans un torchon et le tendit à Mathurin. Il fit semblant de chercher des sous, puis il s'écria :

– Maman a encore oublié de me donner l'argent ! Elle est là-bas !

Il pointa son doigt vers une femme élégante qui passait et appela :

– Maman !

Vite, il attrapa le jambon et se mit à courir. Il bondit sur son cheval qui détala au galop. Derrière lui, la marchande criait :

– Au voleur ! Au voleur ! Mon jambon !

Mathurin lança son cheval à toute allure sur la route qui sortait du village. Il fallait qu'il atteigne vite la forêt. Là, il pourrait se cacher !

Des hommes armés de fourches se mettaient déjà à sa poursuite. Mathurin frappa les flancs du cheval encore plus fort.

Il entra dans la forêt sans se retourner. Les branches basses lui giflaient le visage. Plus il avançait, plus la forêt devenait épaisse et sombre. Il sentit que son cheval s'épuisait. Enfin, au bout d'un chemin en pente, Mathurin trouva une cabane. Il en fit le tour pour s'assurer qu'elle était vide.

– Nous allons nous cacher ici, dit-il à son cheval en attachant la bride autour d'un tronc.

Mathurin entra dans la cabane. Après avoir mangé un peu de jambon, il s'allongea sur un tas de paille et s'endormit.

6
L'apprenti bandit

Mathurin se réveilla en sursaut : il venait d'entendre du bruit. Au moment où il bondissait sur ses pieds pour s'enfuir, des hommes entrèrent dans la cabane.

– Qu'est-ce que tu fais là ? grogna l'homme le plus grand.

Il avait une voix rauque. Un couteau pendait à sa ceinture.

– Je ne fais rien de mal ! Ne me tuez pas ! supplia Mathurin.

L'homme se mit à rire :

– Si tu voulais te cacher, c'est raté ! Tu aurais dû cacher aussi ton cheval ! Belle bête, d'ailleurs ! Elle complétera notre butin !

– C'est mon cheval ! répondit Mathurin en serrant les poings.

Pendant ce temps, les autres bandits avaient allumé une bougie. Mathurin remarqua qu'ils étaient chargés de caisses et de sacs.

Un homme au visage carré désigna le baluchon que Mathurin serrait contre lui :
– Qu'est-ce que tu as là-dedans ?
L'homme s'approcha de Mathurin et lui arracha son baluchon. Il en sortit le jambon.
– Ça, c'est pour la bonne bouche ! s'exclamèrent les bandits.

L'homme à la voix rauque, qui semblait être le chef, demanda :
– Où as-tu trouvé ce jambon, mioche ?

Mathurin raconta comment il avait volé le jambon.

– Et ça, à qui tu l'as volé ? dit soudain un autre homme en brandissant les bottes.

– Ne touchez pas à ces bottes ! Elles sont à mon père ! cria Mathurin.

Sans réfléchir, il se jeta sur l'homme qui tenait les bottes.

Les autres bandits l'empoignèrent. Tandis qu'il se débattait, les bandits riaient bruyamment :

– Il en a dans les tripes, le petit !

Mathurin sentit la colère lui soulever le cœur :

– Laissez-moi ! Je suis comme vous ! Je suis un bandit !

Plus il criait et plus les hommes riaient. Fou de rage, Mathurin hurla :

– Si vous ne me croyez pas, regardez sur le revers des bottes et vous verrez ma signature !

L'un des bandits approcha la bougie. Il y eut soudain un grand silence. Le chef se redressa et regarda Mathurin. Il dit :

– Je connais ce dessin. C'est la signature de Grand-Chemin…

– Oui ! Il m'a laissé ses bottes parce que je suis son fils, dit simplement Mathurin.

– Je ne savais pas que Grand-Chemin avait un fils, dit le chef des bandits.

– Moi non plus, murmura Mathurin.

Puis il s'effondra, évanoui.

Après cette nuit terrible, Mathurin tomba malade. Les bandits l'installèrent sur la paille, avec une vieille couverture. Dans sa fièvre, Mathurin disait des mots étranges. Le chef s'étonnait :

– On dirait qu'il parle en latin. Drôle de mioche !

Au bout de quelques jours, la fièvre tomba. Quand Mathurin reprit conscience, le chef des bandits était assis à côté de lui. Mathurin lui demanda :

– Alors, vous connaissez mon père ! Où est-il ?

Le chef répondit :

– Il y a longtemps, j'ai travaillé pour Grand-Chemin. Mais les soldats ont arrêté notre bande et Grand-Chemin a été envoyé aux galères. Moi, je me suis échappé.

Mathurin baissa les yeux. Il venait de comprendre que son père ne reviendrait sans doute jamais.

– Tu lui ressembles drôlement, mioche ! lui dit le chef en souriant. Il pourrait être fier de toi ! Si tu veux, tu peux rester avec nous mais il va falloir te rendre utile.

Mathurin se redressa.

– Je veux rester, déclara-t-il. Je sais lire, écrire et compter. Je peux vous aider...

7
Le chemin de Mathurin

À partir de ce jour, Mathurin mena la vie dangereuse des hors-la-loi. Il partait avec les bandits sur les chemins pour voler la bourse des riches voyageurs. Les soldats du roi les traquaient et il fallait souvent changer de cachette.

Les mois, les années passèrent. Mathurin devint costaud et agile.

Mathurin pensait souvent à sa mère, à sa petite sœur, à Suzanne et même à monsieur Jazot. Certains hivers, lorsqu'il avait froid et qu'il se sentait seul, il lui prenait des envies de rentrer au village. Mais il se souvenait de la gifle qu'il avait reçue, de l'odeur de la pharmacie. Et il se disait qu'un fils de bandit ne pouvait pas vivre là-bas.

Cependant, la vie dans les bois ne lui plaisait pas non plus. Chaque fois qu'il chaussait les bottes, il pensait à son père, et il avait peur de finir aux galères comme lui.

Un soir, les bandits arrêtèrent une calèche conduite par un gros homme.

– Halte ! dit le chef. La bourse ou la vie !

Mathurin reconnut soudain monsieur Jazot.
– Ne lui faites pas de mal ! cria-t-il.

Mathurin laissa tomber son foulard et découvrit son visage.

– Ma… Mathurin ? bafouilla monsieur Jazot. Dieu soit loué ! Tu es en vie !

Mathurin sourit, monta sur le marchepied et serra monsieur Jazot dans ses bras. Le pharmacien fut si surpris qu'il lâcha sa bourse.

Mathurin ramassa la bourse et l'envoya à ses complices. Il dit à monsieur Jazot :

– Il y a huit ans, je suis parti comme un voleur. Mais votre bourse sera mon dernier méfait.

Mathurin se tourna vers les bandits :

– Laissez partir cet homme. Et laissez-moi partir aussi. Je ne veux pas finir aux galères comme mon père. Je ne vous trahirai pas.

– Toi, le fils de Grand-Chemin, tu as trop d'honneur pour nous trahir, admit le chef. Va où tu voudras !

C'est ainsi que cette nuit-là, Mathurin dit adieu aux bandits.

Il ne prit pas le même chemin que monsieur Jazot. Il partit, sans se retourner, vers l'orée de la forêt.

Puis il lança son cheval au galop. Le cœur léger, il allait vers la mer. Une nouvelle vie l'attendait.

J'AIME LIRE

Les premiers romans à dévorer tout seul

 Se faire peur et frissonner de plaisir **Rire et sourire avec**

des personnages insolites **Réfléchir et comprendre la vie de**

tous les jours **Se lancer dans des aventures pleines de**

rebondissements **Rêver et voyager dans des univers fabuleux**

Le drôle de magazine qui donne le goût de lire

- un roman inédit illustré
- des jeux pour s'amuser et être créatif
- la célèbre BD de Tom-Tom et Nana et bien d'autres surprises !

Le 1er magazine des 7-10 ans

Disponible tous les mois chez votre marchand de journaux ou par abonnement.

Princesse Zélina

Plonge-toi dans les aventures de Zélina,
la princesse espiègle du royaume de Noordévie.

Découvre les plans diaboliques de sa belle-mère qui voudrait l'écarter du trône... et fais la connaissance du beau prince Malik, un précieux allié pour Zélina.

Retrouve Zélina dans *Astrapi*, le grand rendez-vous des 7-11 ans.

Tous les 15 jours chez ton marchand de journaux ou par abonnement.

Achevé d'imprimer en février 2004 par Oberthur Graphique
35000 RENNES – N° Impression : 5434
Imprimé en France

Dans le manoir de Mortelune vit une bande de monstres affreux, méchants et bagarreurs : tu vas les adorer !

Retrouve les héros de Maudit Manoir dans le magazine *Astrapi*.